# DEUDA NATAL

Winner of the 2020 Ambroggio Prize
of the Academy of American Poets

Selected by Pablo Medina

Sponsored by the Academy of American Poets,
the Ambroggio Prize is given annually to the winner of
an open competition among American poets whose
primary language is Spanish.

# DEUDA NATAL

*Mara Pastor*

TRANSLATED BY
MARÍA JOSÉ GIMÉNEZ
AND ANNA ROSENWONG

THE UNIVERSITY OF
ARIZONA PRESS

TUCSON

The University of Arizona Press
www.uapress.arizona.edu

ISBN-13: 978-0-8165-4251-2 (paperback)

Cover design by Leigh McDonald
Cover image: *Untitled (A Correct Chart of Hispaniola with the Windward Passage)* by Firelei
Báez. Oil and acrylic on archival printed canvas, 104 1/4 × 122 3/4 in (264.8 × 311.8 cm)
Collection of Crystal Bridges Museum of American Art, Bentonville, Arkansas
Photo: Dan Bradica. Courtesy of the artist and James
Designed and typeset by Leigh McDonald in Archetype 11/14.5 and American Scribe
(display)

Library of Congress Cataloging-in-Publication Data
Names: Pastor, Mara, 1980– author. | Giménez, María José, 1977– translator. | Rosen-
    wong, Anna, translator.
Title: Deuda natal / Mara Pastor ; translated by María José Giménez and Anna
    Rosenwong.
Description: Tucson : University of Arizona Press, 2021. | Poems.
Identifiers: LCCN 2021012100 | ISBN 9780816542512 (paperback)
Subjects: LCGFT: Poetry.
Classification: LCC PQ7442.P38 D4813 2021 | DDC 861/.7—dc23
LC record available at https://lccn.loc.gov/2021012100

Printed in the United States of America
♾ This paper meets the requirements of ANSI/NISO Z39.48-1992 (Permanence of Paper).

# ÍNDICE

## Poeta nacional

## Paraíso perecedero

## El arrojo

## Saldo

# CONTENTS

## National Poet

## Perishable Paradise

## *The Edge*

*Balance Due*

# DEUDA NATAL

*Poeta nacional*

# LECTURA EN UN COMEDOR UNIVERSITARIO

Nos invitaron a leer juntos
en un comedor universitario.
En las paredes había escritas
citas del Che y de Martí.

Un joven dejó el tenedor en la mesa
y nos miró fijamente mientras tragaba.
Me apresuré a leerle mi poema
mientras terminaba el bocado.
Regresó el tenedor a su boca
y lo tomé como una buena reacción.

Luego tú comenzaste
con un cuento sobre la muerte
de unos enanos luchadores envenenados,
que recibió buena acogida
a juzgar por la lentitud
con que masticaban
los estudiantes de veterinaria.

Entre la tarea de biología
y las flautas rellenas de queso,
hicieron algunos silencios
que eran como baches
en un camino angosto
pero con buen paisaje. Al final

algunos se limpiaron la comisura
de la boca con una servilleta,
otros aplaudieron,
otros no dejaron de comer.

Antes de irnos, vimos
una exhibición de animales disecados
en la sala de gestión cultural.

# MAÍZ

Tengo tantos deseos a la vez
que chocan.
Colisionan como la bomba
de chicle más grande del mundo.
Ahora que el maíz se va de la casa,
soy yo la que se va de las casas.
Tengo deseo de maíz.
Tengo deseo de tantas cosas.
La porosidad es asunto digestivo.
Lo digestivo tan emocional.
Ya no puedo comer chicle tampoco.
Dejo las maletas que aún
no llegan del pasado.
Las dejo con mangós y maizales.
Me hago otro milpa,
una geometría del perdón liviano,
de la paz silvestre.
Se envió un mensaje a través
de los intestinos al futuro.
Le llegó ahora a mi cuerpo.
Como ese satélite
que enviaron en 1994 a Plutón
y acaba de llegar. Así le llega
un mensaje del maíz a mi piel.
Desean que coma maíz.
El maíz ha hecho tantas
cosas buenas por el mundo.

# LOS BUSTOS DE MARTÍ

Un buen día todos los bustos de Martí
comenzaron a hablar,
todos los hermosos bustos de Martí
comenzaron a parlotear a Martí.
Desde el Martí con cuerpo de Chacmool en el Vedado
hasta el de Villa Lugano, en Argentina,
o el de aquel parque tan céntrico en Shanghái,
El mundo estaba lleno de Martís hablantes,
bustos de Martí que se encaminaban
como apóstoles al Popocatépetl
en rutas zigzagueantes y sonoras
hasta colocarse uno junto al otro,
todos los Martí de América,
todos los Martí del mundo,
todos los bustos de Martí.

Hubo quien creyó
que era el fin de los tiempos.
Hubo quien quiso enviar
a sus tropas anfibias
a sus periodistas para entrevistar
a alguno de los bustos de Martí,
pero el parloteo era tan masivo, estridente,
que un Martí hacia imposible escuchar al otro,
y todos a su vez se hacían rugido inofensivo,
plomo fundido, ceniza de árbol.

# LECCIONES

El jardinero poda la grama
junto al salón de clases
y canta una ranchera.
Todos lo escuchamos y sonreímos,
interrumpiendo lecciones
lingüísticas ante la voz grave
y despechada del buen don
que nos da señales,
a todas luces, de esperanza.
Quien canta así
cuando emerge la luz
y los árboles aplanan
la tierra llena de hormigas
algo bueno le devuelve al mundo.
El jardinero les canta a los árboles.
Nos asomamos para sorprenderlo
con nuestro aplauso. Un aplauso
es un signo no lingüístico,
dicen ellos, dando por terminada
la lección. La universidad
apenas comienza.

# OBSERVACIONES

Las novias
de algunos poetas
casi no hablan.

A veces
se escuchan sus risas
cuando algún poeta
llama a otro poeta
"joto", "güey"
o "pesadilla andante".

No escucho a las novias
de algunos poetas hablar,
he observado atentamente.

Yo entonces hablo
a las novias de los poetas.

Una sonrisa convincente,
alguna complicidad.
Pero nada.

Quiero hacerme
amiga de algunos poetas,
pero sus novias,
que no hablan,
no me lo recomiendan.

# JOVEN CUBANO

Víctor tenía ventidos años
y quería ser poeta.

Dijo: "Tu vestido
y tus ojos combinan".
"Se hace tarde".

Y compró un pastelito
de coco y maní
para el camino.

Cruzamos por edificios
agrietados y vacíos
en la madrugada
hasta llegar a su casa.

Lejos de la feria del libro
y con su juventud
me sentía como adolescente
escapada de una excursión.

Pero había otra cosa.
Una sensación inédita
y profunda de paz
con la noche y el azar.

Mi cuerpo perdía el miedo
a las calles desiertas
en otras grandes ciudades

por donde las mujeres
no caminan solas
con desconocidos.

Aquí la destrucción
contemplaba nuestros pasos
como monjes
esperando el nirvana.

Su madre en la mañana
preguntándome:
"Y qué te pareció mi niño".

# HARINA

*El pan se quema.*

Leo mi horóscopo en el televisor del metro.
Aries: "Finaliza algo que hayas comenzado".

¿Qué más termino en este año
en que he dejado hasta el pan?

¿Con qué harina en contra de mi corazón
y a favor de mi cuerpo
debo seguir abandonando lo que amo?

Aunque les cante a los hombres del maíz,
al compasivo hilo que acordona
al contingente en la marcha,
el pan es la mentira.

Canto al hombre del maíz esperando
que rebote en algún muro un sonido
para calmar a este planeta cansado de tragar.

Hombre del maíz,
qué diferencia hay ya entre la herida
por donde entra la lluvia y tu dedo índice.

# POETA NACIONAL

Si todo sigue así.
Si todos se van ahora
que no hay agua,
dinero ni coquíes,
la isla será tomada
por iguanas
y leones marinos.
Me harán un busto.
Será fácil ser poeta nacional
entre gallinas de palo.

# LAS FIESTAS NUNCA SON SÓLO ESO

*Let us go then, you and I . . .*

T. S. ELIOT

Un poema escrito en la pared
no es solo eso
si ella lo sabe de memoria.
Un poema de memoria en otra lengua
no es solo eso
si él lo tiene escrito en la pared.
Un poema no es solo eso
si comienza con un infierno en otra lengua.
Eso es una conversación.
Algunos siglos después
será un cielo.
Una fiesta y otra fiesta.
Pensábamos que era solo otra fiesta
otra suave noche de diciembre
pero las fiestas nunca son solo eso.

# HOY ES LLUVIA ÁCIDA

No se puede salir sin paraguas.
Ya no iremos al concierto
ni a los viveros.
Se registraron 172 puntos
IMECA de contaminación
y no queremos usar
taxis ni peseros.
Se ha ido la luz dos veces.
El futuro es ver pelis,
traducir a poetas
americanas, tal vez,
escribir poemas en libretas
antiácido, en un búnker
relleno de café y yerba,
afirmando que se vive en la mejor
de las ciudades posible. Entremos
las plantitas que se ingieren
a la casa para que luego
no nos maten.

# CONVERSACIÓN CON MI TRADUCTORA

Ella me dice,
"Este léelo con una cervecita
bien fría".
Yo lo leo mientras conduzco,
escuchando el llanto
de mi hija
mientras le da el sol en la cara.

Donde yo digo arrojo
ella dice edge
y me gusta lo que dice.

Ella me comenta
que no traduce bien el título.

Así nos vamos replegando,
en otras formas que son lo mismo,
pero diferente.

Mi compañero me pregunta
qué hago mirando
el teléfono mientras conduzco.

Me gustaría responder
que tomando una cerveza.

Estoy en algún borde
de alguna palabra
que aún no se parece a descanso.

Pero mi traductora disfruta
cuando traduce mis poemas
en bosques lejanos,
sembrando cariaquillos
junto al toronjo.

Para esto también
se escribe, para que otra
persona habite el borde
de alguna palabra
que no se traduce.

# FUEGOS ARTIFICIALES

Desempaqué un puñado de palabras
que dejamos olvidado en una libreta.
¿Seremos eso?
Un poema a dos manos escrito en un momento de papel y saliva.
Lo olvidamos y nos llega en el futuro
para recordarnos
algún trayecto que hemos ido olvidando.

Lo encontré en la libreta roja
que remedaba segundos en un pasado
lleno de caminantes
con el auricular en una esquina de luz.

Mirar el Ajusco, como hacer la cama,
hasta que la montaña deje de moverse,
hasta que los cuerpos recuperen
el compás del musgo,
hasta que se esfume el olor
a fuego que viene del bosque.

Barquito de papel,
tus besos de náufrago,
infancia de mitocondria,
dragón que no se deja nacer,
cachorro de la medianoche en el rompeolas de Playa
    Mosquito,
eterno cuestionador de acertijos
en la superficie blanca de una ficha de dominó,
doble cero de la suerte,
que no ardan aún nuestros muelles.

# EL AMANTE

Sus encuentros fueron tan breves
como su descripción de la guerra:
"War is no place for a boxer."

A ella le gustaba el olor a café
de su cuerpo, las conversaciones
sobre poetas y masacres
que nunca logró entender del todo,
esa descripción de aquel lugar
que el llamaba La Playa,
como si fuera la única en el planeta.

"Huele a marisco, hierro y salitre,
las mujeres cantan
y los hombres tocan tambores,
la gente baila toda la noche
y amanece dormida en las vías de tren
porque están frescas,
tallan santos, trafican cerámica china,
alcoholes, guano, azúcar. Hay burdeles
de mujeres negras donde las prostitutas
son corsas, holandesas y santomeñas,
marineros que llevan los ombligos
de sus hijos disecados al cuello
para la buena suerte
y peones recogiendo pianos alemanes
que irán a parar a la montaña".

Así fue como aquel boxeador cautivó
brevemente a la esposa del presidente.
No hay placa que recuerde su romance
ni hierros de aquello que él llamaba hogar.

# PÁJARO QUE CAE

Han pasado cosas rotas
como si la suerte fuese un error
que nos cae en la cabeza.
No hablo de accidentes.
Hablo de que ayer era otra
que decoraba una casa en un sótano
con imágenes de época
(la decoraba con mi
fijación a las revistas).
Tengo una abuela que muere
y tampoco me refiero a eso,
pero entro en la ducha
y me imagino el poema fúnebre
escrito desde siempre.
Sé que la belleza muere
y mientras muere se deshace
como el error de un pájaro que cae.

# Paraíso perecedero

Las islas son crueles enemigos
de los tiempos verbales, excepto del presente.
JOSEPH BRODSKY

# PARAÍSO PERECEDERO I

Detrás de la vieja
refinería CORCO
hay un muelle
que nunca habíamos visto.
A pesar de los hierros
las barquitas merecen
una postal,
si tan solo no supiéramos
de los metales pesados
en el aire.

# PARAÍSO PERECEDERO II

En el paraíso hay ostiones,
un hombre que vende jueyes,
una playa en donde cae el sol
mientras cuelgas la hamaca.
En el paraíso sólo se arregla pescado
en la pescadería de Caro Valle,
floto en el agua
como flotan las islas sobre un atlas
y tus manos mecen en cámara lenta
un cuerpo a la deriva.

# PARAÍSO PERECEDERO III

Nos detenemos
a fumar, mientras el cielo
se llena de azules plomizos
y como en una película japonesa
aparece el aerostato
de Lajas a lo lejos.

Es un gran día.
La vida parece decirnos
que es tiempo
de relanzarnos con un nuevo
sistema de radar.

# PARAÍSO PERECEDERO IV

Iría a la playa, pero ayer
un rebaño de sales truncas
amuralló las costas.

# PARAÍSO PERECEDERO V

Si te trae flores
sin conocerte
se irá sin que lo conozcas,
o eso pensarás
los primeros días.
Luego verás la enredadera
que trajo de Jayuya,
la dama de la noche
que trasplantó,
el orégano brujo
de Playa Buyé
que puso en la botella
de tequila, y entenderás
que dejó un jardín
para que florezcas
en su ausencia.

# TURISTA POR UN DÍA

En Ponce fui turista por dos días.
Ahora me dicen dama,
y entiendo que eso es que dejé
de ser turista y me volví local.

Las palabras son unas cajitas
en las que metemos
y sacamos otras cajitas.
Tan sueco como parece.

A veces somos turistas
en nuestra propia tierra.
La tierra es un decir. Ser "dama",
un accidente geográfico.

# BEATRIZ MAGADÁN

En una enramada de Chacahua
vive Beatriz Magadán
con su pollito que escucha el corazón.

Ella prepara platos de mar
en la estufa de leña con aceite de coco
y habla cuando el pollito no escucha.

Cruzó la frontera en una cajuela
con cada uno de sus hijos.
Allá fue repostera, tortillera, empleada
doméstica, madre, abuela y esposa.

Un buen día, sin equipaje, a pie,
regresó a su pueblo en la orilla
del Pacífico. "El miedo", dijo,

"no es una madre en una cajuela
esperando a que le quiten un hijo,
el miedo es no atreverse a hacer otra cosa".

# HE VUELTO A LA ORILLA PARA NUNCA VER EL MAR

Crucé de nuevo los arcos, pero ese olor
a yerba encendida antes anhelado
ahora es imposible. Cómo decirles

que el camino más corto no fue la curva
y mucho menos la línea.
Estoy en lo invisible del entrecortado.

Si el gato está gordo y si eso es bienestar
para un gato, el Caribe le sentó bien.
Y eso, aquí, no es poca cosa.

Aquí casi nadie se sienta.
Así que si el gato ha emigrado
y está gordo y feliz es un consuelo.

La gente a la que vine a ver se va
cuando toco la puerta. El gato no.
El gato se queda en la casa esperándome.

# EL ROMPEOLAS

Esta isla está llena de mujeres
que regresan como vuelven
las osamentas con las marejadas
o las tortugas a la orilla natal.

Contaban con la deuda,
pero no con metales pesados en el agua,
el cadmio en la ceniza que respiran.

Nada preparó para la pobreza de la casa,
el derrumbe de un pedazo de piscina,
una muela por la que su madre
tendrá que esperar tres meses
porque la enfermedad también hace fila.

Ahora camino por el rompeolas.
Recuerdo dos personas felices
sobre una alegría del pasado.
Esta vez es de día.
Acabo de llegar en avioneta.

No creo que consiga escribir
el poema con humor sobre cabezas
que me encargó Cindy cuando recaudamos
para el tratamiento de Elizam,
pero serás un poema
sobre volver a un rompeolas,

y sopesar los pedazos de la isla,

sus metales pesados,
los seres queridos que se van,
y pensar, desde otra orilla, en la sobrevivencia,
y entre tanto aedes, en el amor.
Regreso para pisar esta tierra
y caminar con las mujeres
que vuelven a este rompeolas
a detener la marejada.

# CIRCUNSTANCIAS

Decir muchas cosas al respecto.
Hacer la salvedad.
Las cebras saludan para que no sepamos
—la franja—
cuando la sombra cae sobre sí.

Las cebras son hermosas y confunden
al mejor aldeano o los perezosos
siguen buscando el sueño perfecto.
Mientras tanto, chillan gomas.

Los tiburones no son los más peligrosos.
Ya es mucho el mercurio
que los ahuyenta de esta costa.
De todas formas, enseñan los dientes.

Hay unos ferinos, también bellos
que salen en los periódicos y tuitean.

Nosotros somos unas luciérnagas
en movimiento para hacer luz.
En vano, pues sabemos que mienten.

# BO

No hay quien devuelva
su cardumen al mar
ni quien pague ciudades asalitradas.
Bo se ha roto.
Lo trae envuelto en sábanas y aceites
aunque ya no crea en fogatas, runas,
no fume los cachimbos de los brujos,
ni queme el dolor dentro de las botellas,
o se trague el corazón del enemigo,
arranque los ojos,
ni haga altares a los peces muertos,
o ponga los huesos del amor
adentro de una caracola
para que nazca el mar.

# HAY UNA DEUDA

*Hay una canción,*
*pero está rota*
*y es inútil decirla en pedacitos.*

JOSÉ MARÍA LIMA

Hay una deuda
pero está rota
y es inútil pagarla en pedacitos.

Hay un *magestad*
pero está mal escrito
y es inútil decirlo rey.

Hay un rey
pero está en pedacitos
y es inútil decirlo en deuda.

Hay una lengua
pero está en deuda
y es inútil decirla.

Cuando les dije "espejismo",
ellos no vieron nada porque nunca habían
escuchado la palabra espejismo:

Treinta y cinco revoluciones frente a mí
que murmuran
y nunca habían dicho
espejismo ni *magestad* con g.

Habían visto molinos
de viento
que no funcionan
en Santa Isabel
de donde se fueron
los gigantes con g,
y los galenos con g,
y los gobernantes con g,
y los gallegos con g.

Pero tengo una deuda,
está rota
y es inútil pagarla.
No tengo
1
2
3
4
5
6 pelícanos,
pero los debo.

No tengo 1
            2
            3 niñas,
pero las debo. No tengo
1
2
3
4
5 islotes, pero los debo.

Tengo un pedacito,
pero está roto
y no es inútil decirlo.

# HAN LLEGADO LOS CHINOS

Han llegado los chinos, han blindado
las heladerías, dado de comer ajonjolí
a los leones y comprado a los fantasmas.

Han llegado los chinos a Ponce
y no van de vejigantes ni de soldados,
ni se apellidan con trisílabos corsos.

Todos señalan aquel viejo almacén. El frutero
abre los ojos y dice, con asombro espiritista,
"Los he visto, llevan un silencio tatuado en la nuca,

y una bolsa de arroz que deja caer granos
hasta llegar al puerto de los galeones hundidos".

# ATRÓN

Se acabaron las promesas,
decían nuestros carteles.
Emmanuel quiso saber si eran
carteles en contra del suicidio.
Preguntó mirándome a los ojos.
Su papá me advierte
que Emmanuel habla mucho.
"No le hagas caso si no quieres".
Emmanuel lee sílaba a sílaba el cartel que pinto.
"A-ca-da-bui-tre-le-lle-ga-su-pi-ti-rre".
Emmanuel sabe que un pitirre es un pájaro bravo.
Lo ha visto en el campo cuando su papá lo lleva al río.
Y un buitre es un pájaro que come carne muerta
como las tiñosas que sobrevuelan la autopista.
Emmanuel me dijo que las tiñosas son como Atrón.
"¿Quién es Atrón?", le pregunté.
"Un hombre rubio que hará un muro en el mar
para que no podamos llegar a Estados Unidos."
Emmanuel sabe esto porque lo ha visto
en la televisión. Emmanuel me pregunta
si los buitres son como Atrón.
El papá de Emmanuel lo llama desde el tablado.
"Nos vamos", le grita. "Despídete".
Él se va corriendo.
Habla con el papá y regresa.
"Dice mi papá que me llames a su teléfono
si vuelven a juntarse aquí para hacer carteles.
Quiero pintar con ustedes en contra de Atrón".

# ALASKA

Lo que queda de mar
se empaca en Alaska
a costa de nuestra urticaria.

Cuesta hablar en esta isla
porque a cada bocanada de aire
te entra un puñado de repelente.

Llegan noticias de Alaska
y no son poemas vanguardistas.

El costo de un pasaje al estado 49
no tiene equivalente en palmeras.

Cuarenta y nueve palmeras no aseguran
el saldo de la deuda natal.

Este acertijo nos pica a todos.

# FALSA HELADERÍA

Ella me pidió una máquina para hacer helado.
Cuando lo dijo, las clavículas pronunciadas
empezaban a marchitarse,
pero su piel era la carne misma del coco.
Quería una máquina para hacer helado,
venderlos en la urbanización
y así pagar el mantenimiento
de las casas que ya no habita.
Nada importó haber regresado
de una ciudad en posguerra.
Remodelar los interiores de un pasado otomano.
Nada importó.
No había trabajo en esta isla.
No importa haberlo hecho todo bien,
dice su cuerpo. Yo quisiera decirle:
"La máquina de hacer helado lo arreglará todo".

# DESPUÉS DE LA TORMENTA

Decenas de carros
esperan en la fila
por un poco de combustible.

En la gasolinera
esperan por una escalera
que lleve a un generador.

La fe es esperar
en esta fila
a que la máquina funcione.

Nosotros queremos
un poco de combustible
para llegar a nuestro pueblo
y ver si nuestra casa sigue en pie.

Queremos gasolina
como luna de miel.

Todas las formas verbales
son opciones improbables.

Lo que queda de paisaje
es gente alineada
esperando
a que la máquina funcione.

# TURISMO INTERNO

Escuchan estallar
a lo lejos
las gasolineras.

Hermosos animales
que conversan
el lápiz y el cansancio.

Pensaba
en estudiantes
como recogiendo
palabras de un derrame petrolero.

# MOHO

Los carros de mi casa
tenían los retrovisores pegados con silicona
porque no había dinero para repararlos.
Los espejos fragmentados
como en un rompecabezas mal hecho.
Cuando mirabas por ellos
veías a conductores ebrios, mujeres golpeadas,
adolescentes maquillándose,
niños olvidados en los asientos traseros,
parejas camino a los moteles o a la iglesia,
asesinos vestidos de empresarios,
monjas serias que miraban hacia el frente,
al vecino evangélico gritándole a la esposa,
yerberos capsuleando, novios recién casados,
ambulancias,
músicos camino a los conciertos en el anfiteatro,
transacciones de droga, de armas, de huesos,
plátanos verdes traídos de Dominicana
y piñas gigantes más dulces que la miel,
Volkys de colores,
los contabas y poco a poco desaparecieron,
cañas de pescar, tablas de surfear,
las varetas de madera con las que enmarcaba el padre
y que los amiguitos de la escuela
llamaban escopetas,
veías a los policías
que querían multarnos por ir rápido, por ir lento,
por ir con los retrovisores rotos pegados con silicona,
a la heroinómana en el semáforo

que se quedaba pidiendo monedas
cuando los carros mohosos aceleraban
para llegar a la casa,
a la escuela, a la universidad, al trabajo.
Retrovisores rotos,
movilidad enmohecida por el salitre
mar por todas partes, reflejo de fractal en aguacero,
posibilidad de Yunque, ave costeña, yagrumo,
flamboyán como hemorragia del camino.
En los carros mohosos de mi casa
se hicieron pequeñas revoluciones
amorosas y escolares,
pronuncié correctamente la palabra periódico,
conduje rápido por las autopistas y la ruta panorámica,
me escapé al Grito de Lares y a veces vi fantasmas:
los ferrocarriles dándole la vuelta a la isla
y los rostros de la gente
asomados por las ventanas de los vagones
sin que nadie se quejara de no tener aire acondicionado,
a mis tíos sin cinturón yendo por la Carretera 2
antes del accidente que hizo llorar tanto a mi madre
y a mi abuelo subiendo la ventana automática
como si fuera un gran adelanto para la familia.
El pasado de esta isla sólo puede verse
en un retrovisor roto con espejos mal pegados:
recuerdos enmohecidos
que están más cerca de lo que parece.

# El arrojo

# EL ARROJO

"Lo que cuenta es el arrojo", me dijo.
El arrojo no es lo mismo que ser arrojada,
cosa que también me han dicho que soy,
ni es lo mismo que arrojarse,
cosa especialmente peligrosa en algunas geografías
o cerca de ciertos puentes o personas.
El arrojo, pensé, es frágil como un puente,
frágil como el deseo de la que se arroja por una persona.
Las palabras arrojo y amigo escritas a mano se parecen.
"Ser arrojada es una buena cualidad", me dice.
Yo pienso que acabo de hacer un nuevo amigo.

# EL HUMO DORMIDO

*(poema borradura)*

No atinábamos
la curiosa tertulia.
La reja diciendo:
catedrático.

Las pisadas del extranjero
        desde los jardines, desde los claustros
silencio dejándole una jerarquía
                errante
por toda la tierra          le tocó venir
no se iba                nosotros siempre
de barbas y greñas lisas y húmedas
pecho huesudo entre
              las lenguas
un día a nuestro lado
y estaba todo en ellos como en            órbitas
              y él nos miró más y
sonrió
camino sin camino.
Aparecía, volviendo, avanzando. Se perdió
como si se hubiera derretido.
              ¿Dónde está ahora?
alguien caminando perpetuamente
¡anda, anda, anda!        El humo
              ese solitario
              como nuestra sangre
nuestro pensamiento, un pensamiento que
dejamos perderse para siempre desnudo
en un camino sin posada

incurrir
en "literatura"
literatos.

que nos ha hecho

dicen los mismos

# DROMEDARIO

*si yo fuese dromedario*
*no tendría sed*
VICENTE HUIDOBRO

Mercado original,
cineamano en la arena,
eres una sombra pegada a otra.

Tus dientes como semillas de argán,
cabra con joroba,
pezuña de piedra fosilizada.

Amigo del silencio del desierto:
calor preñado
relleno de sed.

# MATOJOS

La luna nueva en una colonia
avecina semillas como antídotos.
Hay que aprender a leer los matojos.
Esto no es un presagio.

# TE DOY "LIKE"

Entre el concierto en España,
el juego de baloncesto
o tus pies pisando flores de pomarrosa
le doy "like" a tus pies.

Entre el cumpleaños 102 del tío abuelo,
la lectura a la que no fui
o tus manos dibujando un atardecer
le doy "like" a tus manos.

Entre la campaña en contra del calentamiento,
la imagen de otra infancia
o tu foto de la manatí con su cría
desde lo alto de un acantilado
en una finca de mangó,
le doy "like" a tu foto.

Dar "like" para llegar a un consenso
capitalista y fugaz,
presencia redundante
que afirma,
"Amo la huella de tus pixeles".

# DESCUBRIMIENTOS

Descubres del llanto
lo que el trueno de la nube:

su paso por el cuerpo.
El cansancio que deja

como estela. Aprendes
que pasa como hormigas.

Con el tiempo, desaparece.
Como el sueño, se olvida.

Como el sol, te enrojece.
Y como la leche, alivia.

# TETITA

Dicen los expertos que la leche materna
es el alimento más recomendado para su bebé
hasta que cumpla los seis meses de vida
pero también es lo que hacemos
para no irnos flotando por la galaxia sin remedio,
ni vivir para siempre dentro de una burbuja de líquido,
aprender a despegarnos sin perder el amor,
mirar a los ojos sin tener que hablar,
y ser buenas con la carne ajena,
lo hacemos para rascar lunares con la uña
como se rascan las dudas más feroces
y soñar que la piel es una sábana de seda
o que oler lo que se ama es el secreto de la gravedad,
lactamos para aprender rápido la parte por el todo,
y que hay cosas que al nombrarlas quitan
el sueño, el hambre, el miedo, el frío.

# OTRA VERSIÓN DEL ARROJO

Un día despiertas y quieres meter los dedos
en todos los enchufes, los abanicos,

lanzarte de todas las elevaciones,
comerte el plástico triturado de los pinches de ropa.

Hay tanta pulsión de muerte en tus ganas de vivir.

A veces tropezamos contigo cuando como trinitaria
te enredas en las piernas empeñada en el agarre.

Un día te apreté muy duro el pañal.
Papá te quemó un piecito con el agua del lavabo.

Tú le arrancas las hojas al orégano brujo sin piedad
y luego le tiras un beso o lo saludas.

Ya también hieres sin querer a lo que amas.

# LA PIEDRA SOBRE LA QUE VIVO

Este pedazo de tierra
que compré
a precio de rebaja
es roca ígnea,
volcánica.
Tomo sus piedras
y pienso:

Esto fue lava.
Estuvo tan caliente
que de tenerla a esta distancia
me hubiera muerto.

Fue lumbre. Lugar
en que nunca viviría.

Y mira a lo que hemos llegado.

# NO ESTOY INTACTA

Has nacido
y todo lo demás desaparece.

Una legión de orugas
nos ha comido el huerto.

De un día para otro
ya no hay versas.

Lo que queda de la parcha
parece un país recién
bombardeado
o la autopista nacional.

Dos que amo mueren.
El tiempo verbal confunde.
Se están muriendo.

En ambos casos
es el aire lo que apremia.

# NADA CUNDE

El agua
se estanca otra vez.
Amarme no.
Mortales sí.
Jaulita bajo el agua
para ver
extraños peces
volver a enamorarse.

Nada mecen.
Despierto sí.
Sueño no.
Montaña sí.
Playa no.
Erizo sí.
Hamaca nunca.

Nada esconden.
Recomiendan
ir a ver arrecifes,
los timbres de sal,
los moluscos,
el monstruo
en extinción.

Que el agua meza.
Dorsalidad,
dorso y alas,
oralidad,

sal al dorso.
Aladme.
Alar y sabor.
Soledad.
Alarde
sola.

# LÍQUIDA

Regar no arropa
lo que debe
agradecer la planta
si la riegas.

Planta no parece
la manera adecuada
de nombrar todo
el verde de las hojas.

Ella es noble,
digo cuando la ven
con cada uno
de sus vórtices
reclamando pasiva
su circunferencia.

Digamos que aguar
ha sido nombrada
en otro lugar
y su actitud tampoco
es lo que dice.

Algo así como rociar
pero más fuerte,
porque es mucha
el agua que le echo.

Qué maroma
inventarse un verbo
que haga justicia
a su accidente.

Aguacerar la tomarán
los cielos en su nombre.
Percibo una acción
líquida, que no liquide,
justa y que no ahogue.

Difícil alumbrar
en el agua.

# NO DIJE DILUVIO NI DELIRIO

Los parabrisas dañados en medio
de un delivio
a veces no redundan.

No es casualidad soltar el acertijo
si todo es música en una sola palabra
escrita con tus letras abiertas
de pan en pan.

Algunas escobillas siestan
(diles que barrer te relaja
y que limpiar la superficie de la huella
es parte del espiral detonado,
sus raíces húmedas debajo de la tierra).

# AMBICIÓN

La he visto con la novedad
con que un niño mira
por primera vez
a un animal nacer.
¿Ha nacido un insecto?
¿Un caballito de mar?
¿Se cultiva como las orquídeas?
¿Puede darnos belleza?
Cuando la ambición llegó a mí
tenía los pies metidos en la arena
una colilla entre los dedos
y las uñas muy despintadas.
La ambición no venía bien vestida.
Llegó con la ola cuando rompe.

# LOS QUE VUELAN

Los que vuelan
(aves de rapiña, los pilotos, los turistas, las moscas, algunos globos,
algunas balas perdidas en el aire, algunos en jaulas que vuelan pero
no lo saben)
tienen un avión por dentro
lleno de japonesas y yo sentadas en la misma fila
hablando como en una rama.

Los que vuelan llevan en el aliento un pájaro.

Todos mis despegues sólo quieren saber pico, ala, manubrio,
asiento al lado de ventana,
composta, helio.

La sed
    en los aviones
        no se compara
            con la sed
        en las islas
        debajo del plumaje
        anidados
        la sed en los parques
        la sed de los conciertos
        la sed de los muertos
        de sed.
En ese nido
que flota
en el agua
se nombran aves

que tampoco pensé
decir en tantas latitudes.

A veces
se tiene sed
en el aire,
y a veces en la escalera
de una casa que no es la tuya,
pero es          tan nido.

Afuera del pájaro

digo los nombres     y     la lengua vuela.

# DELETREANDO A OSCURAS

Cómo abecedeas
las pestañas sonámbulas.

Rastro de espasmo.

"Presencia ineludible
de humo de humo",
he dicho.

Acomodo los muebles
según la primera sílaba del silencio.

Con ella coso la derrota de la mirada
que me regalaste aquel día,
lejanos los nacimientos,

y curiosamente consigo
sacudir los retrovisores.
Aunque ya no vamos tarde
a la escuela.

Es la última etapa
de un colapso gravitacional
es.

# ELLA DECIDE HUIR EN OTRO IDIOMA

Esta idea de pérdida
recóndita
que inunda todo
lo que está del otro
lado de la ventana
es rabieta de nubes.

Si pudiera quedarme
siempre con tus especias
desazonaría los acantilados.

Pensemos en la palabra
espacio como en algún
lenguaje atropellado
por los descubrimientos.

La última vez que te vi
parecías un suspiro extraviado
en alguna instancia de cómic.

Ya lo sé:
mirar al sesgo
no es como tener
las raíces bocarriba

ni besar al cartero,
trascenderte.

*Saldo*

# FLORA NUMÉRICA

Ciento setenta y tres de cada mil mujeres
se llamaban Rosa en Alabama

en el mil novecientos cincuenta y cinco.

Una de ellas se sentó en un autobús
que nos llevó a todas a un futuro de posiciones

y museos pero con una idea de justicia
que rondaba las costuras de la automovilística.

(Hubo Rosas que no contaron en el censo
porque recién habían cruzado la frontera
o habían germinado).

Una niña que nació por cesárea y no lactó
fue la última en llamarse Rosa
en el mil novecientos ochenta y nueve.

Ese mismo año dejaron de nacer Rosanas.

En la década del ochenta se extinguieron las Rosarios.

En el mil novecientos noventa
ninguna niña se llamó Rosemary.

En el dos mil cinco, una de cada mil mujeres
en todos los Estados Unidos se llamó Rosa.

Hay residuos del Big Bang en las rosas,
residuos de radiación, hay menos abejas
en el planeta polinizándolas, hay menos Rosas.

# NOTA DE VIAJE

Querido hermano,

te quería obsequiar una brújula,
pero tuviste que irte
con tanta prisa al aeropuerto.
Esta vez
no traigas coordenadas,
cuéntame de algún amor,
llega con una cicatriz
que borre todos los planos
de tu habitual ingeniería.

# AQUELLA FOTO EN BLANCO Y NEGRO

Emma posó con su vestido
negro de lentejuelas

maquillada y con cancanes
al lado del televisor.

Nadie le dijo entonces
que el futuro sería
la batita de casa,
el ruido de las noticias.

Sólo eso.

# TRENZA

Cuando te hago una trenza
es tu cabeza la que pide ser nido.

Me pides que te haga una trenza,
que done provisiones a tu salvación.

Nace una condena.
Pido un retorno.

Si llegas a tiempo a bajar mi equipaje,
tráeme un mechón de pelo
de un jefe navajo.

Yo me aseguraré de que haya
que cambiar una goma.

# EL PREMIO

En los puestos de lotería
nunca está el número
con el que sueño.
A veces entro
a las oficinas de la lotería
por si alguien reclama
el premio que perdí.
En algún lugar
existe ese premio.
A veces dormida veo
el número en una calculadora
con muchos ceros en frente.
Entonces tengo la certeza
de que somos ese número.
Cada persona
en un puesto de lotería
es el guardián de un sueño
que queremos
y que no nos busca.

# SALDO

Nos quedamos a solas
hablando de los hombres.
Desde el abuelo
hasta el último novio,
todos tuvieron una cana al aire,
un trapito al sol,
un hijo que apareció en el funeral.
Los hijos encubrían.
Los hombres se desmayaban
cuando veían llegar a las esposas.
Las esposas arrancaban pelucas.
Las sobrinas huérfanas
cuidaban a los abuelos.
Una dominicana en cada historia.
Por suerte ahora los sobrinos
escuchan desde la sala
nuestras risas. Nos quedamos a solas
hablando de los hombres
que ya no lloramos.

# BÉLA TARR EN EL CINE CLUB

Lanzaba imágenes
en los bosques de Hungría.

Susurraba con las muelas los nombres
de las películas más hermosas.

Un día su novia se fue de su casa,
aquella pajarera en Finsbury Park.

Se fue como se iría una guerrera mossi
de algún poblado en guerra.

Supe entonces que le tiraba
la plancha y la licuadora a su novia.

A ella, que viajaba sola hasta Burkina Faso,
que dibujaba pájaros salvajes.

Mi amigo le pegaba a su novia.
No supe en qué músculo enterraba

su violencia de Montes Hurales.
Recordé el día en que llegó, alegre,

con aquel tatuaje de sirena afable,
y aquella vez que vimos la película

de Béla Tarr en el cine club.
Secuencia silenciosa en tiempo real,

cadáver de ballena en una carpa itinerante
a la que entra un hombre pequeño y aterrado.

Se han llevado a los amigos,
y el hombre entra a la carpa,

para ver en el ojo de la ballena muerta
otro mundo imposible.

# SALTAMONTES

Cuando saqué las sábanas,
apareció un saltamontes muerto.

Nos quedamos sorprendidos,
mirando sus alas secas y tornasoladas.

Nos esperaban amigos en la sala,
pero yo quería acostarme en la cama
de ese cuarto lleno de recuerdos.

Cuando saqué las sábanas
estaba el saltamontes muerto,
arropado con el deseo

de dos animalitos dispuestos
a profanar su tumba.

# UN PLATITO CON AGUA

Cada minuto lejos de ella
pasa con el alivio de su voz que repica
como piedra lanzada sobre un lago.

Acepto que la piedra se hunda
para recuperar la voz de mi madre
en el duelo de tu amor.

Un regalo en cada mejilla,
lazo de saliva y flautas de pájaros,
aunque se acabe el azúcar
o me falte el trigo,
no logro imaginar la vejez del fuego.

La felicidad es una forma
en que recordaremos
haber bailado entre vejigantes.

Y apenas sé poner este amor
sobre un platito con agua
para que no lo devoren las hormigas.

# LIQUIDACIÓN

No tengo hábito
de fijarme en las aves,
pero últimamente acepto
que el amor sea
acompañarte con precaución de aficionada,
contar las auras tiñosas del camino,
los pelícanos con alas como nubes estiradas,
nopales salvajes
y columpios en los flamboyanes
del barrio Bélgica. No acostumbro
optimizar mis hábitos,
pero últimamente acepto
que el amor sea
comprar un sillín para la bicicleta
que nos lleve a ver juntos el río Portugués,
y de ahí a la tienda de accesorios deportivos
para seguir amándonos
con guantes de gel y casco ultra liviano,
regresar al paseo
y lanzarnos besos de bici a bici,
acomodando la bola del pie
en el lugar exacto.
No suelo
optimizar el amor pero ahora
que sé que suspender el torso
es una forma de quererse
cada guaraguao
es un aviso de algo
que podría echar vuelo
aunque no cobremos
el mes próximo.

# LA MIRADA SE CANSA EN EL MONITOR

Un café se enfría.
Tantas horas juntos sin hablarnos.
Cuántas veces la física nos falla.
Dejemos de escribir en rectángulos.
Hay un universo en la esquina
haciendo tiempo.

# LA HIJA DEL BANQUERO

Soy la hija de un banquero
que se volvió zanahoria,
remolacha de pescadores,
un banquero que iba a hospitales
como a campamentos de verano
y competía en natación
con otros pacientes,
como en su propia piscina.
Pude escribir este poema
con un bolígrafo roto,
mientras él se quitaba
su traje de banquero
y nacían tubérculos
de sus aprendizajes económicos
para pintar otros paisajes
con flamboyanes y palmas quebradizas,
con carabelas ancladas en la Isla de Cabras,
anzuelos atravesados
en la madre patria.
Soy la hija de un banquero
que un buen día salió de la piscina,
se tomó una siesta
y ya nunca más lo fue.

# JEEP CHEROKEE

Desde que regresé,
entre mi padre y yo
hay una Jeep Cherokee.
Es la guagua vieja
que dejó mi hermano
cuando se fue al ejército.
Vuelvo a tener el carro
de cuando iba al colegio.
Como ahora gano lo mismo
que cuando era estudiante,
la Jeep es una limosina.
Hace veinte años también lo era.
A mi padre, que tiene 76 años,
le gusta que yo tenga algo suyo,
algo que sólo él sabe reparar.

"Le cambié el aceite".
"No confíes en ningún mecánico".
"No es el radiador".
"Arreglé el parabrisas".

Cada vez que lo veo hablamos de la Jeep
como si fuera una pequeña niña
a la que tiene que cuidar.

# FERMENTOS

La felicidad es un equilibrio
de bacterias.

La putrefacción gusta y se extiende
cuando se avinagra.

La desconfianza debe ser
alguna mezcla inadecuada
de flora intestinal.

Cuánta materia viva
transformamos,
cuánta intimidad se arriesga

cuando no fermentamos
el excedente.

En el calor todo se pudre
y en el envasamiento

nos lanzamos a la espera
de otra especie.

# LA MARSELLESA

Pensé encontrar "La Marsellesa"
pero por dentro
llevaba otra cosa,
como pasa con lo que se olvida.
Quería contar la historia de una bisabuela
que vino de Córcega
y que cantaba "La Marsellesa",
pero por dentro el texto
llevaba otra cosa. "La Marsellesa"
es un texto que olvidé
pero que recuerdo que escribí
y que pensé encontrar
pero por dentro llevaba otra cosa.

# DEUDA NATAL

Tormenta diré.
Río diré.
Tornado diré.
Hoja diré.
Árbol diré.
Mojada seré.
Humedecida seré.
Busto no seré.
Pelícano no seré.
Bebé querré.
Hombre querré.
La canción del hombre querré.
Mujer siempre seré.
Mujer pequeña tendré.
Isla pequeña tendré.
Dinero no tendré.
Sueño tendré.
Trabajo demasiado tendré.
Sal diré.
Papaya diré.
Habichuela y yuca diré.
Carro tendré.
Lavadora tendré.
Qué caro todo diré.
Qué lindo todo diré.
Gatos tendré.
Pelo de gato tendré.
Madre y padre tendré.
Madre seré.

Tía seré.
Esposa seré.
Amiga seré.
Poco tendré.
Casa alquilada tendré.
Deuda tendré.
Árbol diré.
Hoja diré.
Tornado diré.
Río diré.
Tormenta diré.

# HOMBRE

Hombre,
regrese a su bosque
porque tiene un cisticerco
en el cerebro,
como en una madriguera
que no compré sin el pan de mi frente.
País, no coma fresas
en la autopista, por los cisticercos.
Fresas, no sean suburbio.
Atlántico, no sea isla.
Papá, no seas güero.
Turista, sea canoso
y tampoco coma fresas.
Blanca, no sea mustia.
Ciales, no sea miedo.
Pastelero, atraviese Madrid.
Dulces, vayan en metro.
Padre, nadie le dijo que salve su país.
País, no coma fresas,
comoquiera
padre se muerde. Agricultores,
venden en la autopista.
Cisticercos, no sean casa.

# CUANDO LOS ÁRBOLES FLOTEN

Estuve todas las rocas
pensándolas
como a dos ramitas tristes

con su genealogía

de árboles flotantes

("la pena",
me dijiste una mañana
antes de la escuela, "duerme lejos
de la cerámica,
porque no tiene fe
en la ternura
de los hornos").

# EL ÁLBUM DE VIOLETA

¿Lo amaste mucho?
¿En cuántas chinampas te prometió laureles?
¿Cuántas estrellas contaron juntos en la Torre
    Latinoamericana?
¿Te sonrieron las calaveritas de azúcar en Chapultepec?

Esa mujer pegada a las páginas del álbum.
Las monedas de aquel viaje en que conociste
al hombre que amaste antes de ser mi madre,

álbum de la semilla que no germinó,
deseo de velita en iglesia que el viento apagó
bien rápido y con estática.

Colorete hecho con lápiz rojo
sobre la fotografía en blanco y negro retocada.

# LATA DE RESERVAS

*para perpetuar la clave*
*de cómo un cuerpo concluye otro,*
*de cómo el hombre, a fuerza de cicatrices,*
*se va haciendo bosque perfecto,*
*ciudad de cáscara,*
*selva de aire*

VANESSA DROZ

Hoy mientras hablaba con María
noté que una antigua
cicatriz que tengo desde niña
en mi dedo pulgar izquierdo
se enrojecía nuevamente.
He querido ignorarla
aunque cada vez la herida
retrocede en el tiempo
y parece haber ocurrido hace poco.
Tendría trece, catorce o quince
y me hice una herida con el filo
de una lata de reservas.
Algo tan nimio y mal sanado,
pensé. Hasta ha vuelto el ardor
de la piel regenerada y frágil.
Le dije a María lo que había ocurrido.
Ella abrió los ojos,
se puso la mano en la frente
y buscó en su cuerpo alguna cicatriz
de regreso a su infancia,
o una infancia de regreso en la cicatriz,
por si había sido el momento

de reconocer la herida común
en los caparazones,
por si era que al unísono dijimos
algo que nos regresó en el tiempo
como si la herida hubiera oído
y se hubiera quebrado de callar,
como si las cicatrices hubieran
dado el grito de guerra, despertad,
cicatrices del mundo, doled.

# PARA PINTAR UNA CASA

Para pintar una casa
hay que trabajar horas extra,
eliminar primero las plagas,
lijar las ventanas,
poner prioridades,
el techo con guano,
el desprendimiento de tierra,
las cucarachas,
el hongo en las paredes.

Para pintar una casa,
es decir,
recubrir de pintura las paredes
en que unos cuerpos
y sus nombres
tienen camas, cunas,
nidos, almohadas,
aleros donde duermen.

Hay que hacer sacrificios
para pintar la casa.

Hay que tener varios trabajos.
Preparar disciplinadamente
el almuerzo de la semana.
Encontrar mucho tiempo
en donde ya no queda.
No ir a las bodas elegantes de las primas.
Repetirse por qué

no pedir un préstamo.
Mientras observo la pared
descascarillada, agotarse
posponer mensualmente la tarea.

Pintar una casa o contar
las estrías que le deja
la tierra cuando tiembla
y que habrá que recubrir,
enderezar, decidir que no hay
que pintar la casa,
no pintarla nunca, esperar
a que el salitre le quite
lo que queda como
el esmalte a las uñas,
no pensar ya en pintarla,
quitarle a la noche esos segundos
de desvelo,
dárselos a otro sueño,
acaso unos hierros que refuercen la casa,
como se refuerza la cuna de la niña,
dejar las puertas abiertas
para salir si hubiera
que desalojar la casa
despintada.

# APELLIDOS EN EL CUERPO

En 1837 William Montgomery
creyó ser el primero en descubrir
las glándulas areolares que pueblan
ahora mis pezones llenos de leche.
Desde entonces, les decimos
tubérculos de Montgomery.
Prefiero decirle peca de azúcar,
oasis de leche, polen de girasol.
En 1872 John Braxton creyó ser el primero
en descubrir las contracciones
que me preparan para la llegada de mi hija.
Ahora le decimos a esa fuerza inesperada
que contrae la materia de mi vientre
contracción de Braxton. Prefiero
decirle ensayo de alumbramiento,
inundación repentina, volcán submarino.
En 1886 James Chadwick identificó
frente a otro grupo de hombres
el color violáceo de la labia por concebir.
El signo de Chadwick le dicen.
Para mí nada más parecido
a una berenjena que se hace cosmos.
La nomenclatura de los cuerpos expectantes
es la extraña poesía de una demiurga
que nada tiene que ver con estos señores.
Línea alba, primípara, lunática gravidez.
¿Puedo ponerle a una montaña mi apellido
porque la contemplo? ¿Puedo
nombrar el lunar de mi amado

con mi apellido porque lo descubro?
El día que borremos sus nombres
del cuerpo de las mujeres
otra lengua escribirá su expansión.

# HOMENAJE AL OMBLIGO

Los ombligos acaban a veces.
Como preámbulo,
el cuerpo dibuja un camino
desde la puerta
por la que llegarás
hasta el valle de areolas
en donde calmarás el hambre.
Origen de hormiguero
de luz blanca que de mí
regresará a ti para enseñarnos
que un ombligo acaba
cuando otro está
a punto de comenzar.

# EL DÍA QUE NACISTE

Pensaba que me ahogaba
pero la enfermera dijo
que, según la máquina,
todo estaba bien.

Ya había escuchado tu llanto.
Tu papá diciendo: "¡Es negrita!"
(Aunque en realidad eras roja.)
Y su voz cantándote antes
de que te vieran mis ojos.

De pronto ya estabas
en todos mis sentidos.
Dando aire a la que antes
no sabía que respiraba.

Tu cuerpo cerca de mi rostro.
Tu boca ya en mi pecho.
Mi voz diciéndome, "¡Es
perfecta!" El doctor

pintando con tu placenta
en tintas vegetales.
Las enfermeras llorando
por la voz de tu papá.
Mis tripas aún abiertas.

Nueve libras insurrectas
de llanto y calor
habían salido de mí
como de un volcán.

# EPÍGRAFE

Dijo Antonio que la isla centro
era imposible de fijar

que reaparecería
una y otra vez

siempre de manera furtiva
en los poemas de los cosmógrafos.

Esta es una de esas apariciones.

Esta Isla tiene pocas palabras.
La primera fue estrella; la segunda, agua.

Todas son de barro y pueden deshacerse.
Todas deben decir nontoxic.

Aquí hay una Isla que ve otra isla en el horizonte.
Si no dices que es un cayo, te corrige.

Los nombres se repiten.
Los significados dentro de las personas, no.

# ENTONCES MI HIJA

Se viró hacia sus juguetes y dijo:
los primeros que se darán
cuenta son los que velan el aire;
los que sobrevivan
se alejarán de las máquinas
y se meterán a los pocos bosques que queden,
no enviarán más nunca un mensaje de texto
ni a sus hijos a la escuela,
pero cantarán y harán duelo
como quien siembra semillas de aguacate
con palillos de diente;
hablarán de metales pesados en el aire,
se acordarán de los nombres de las nubes,
leerán el sol en la sombra de los troncos.

# NATAL DEBT

*National Poet*

# READING IN A UNIVERSITY CAFETERIA

They invited us to read together
in a university cafeteria.
On the walls there were
quotes from Che and Martí.

A young man set his fork down on the table
and stared at us while he swallowed.
I rushed to read him my poem
while he finished his bite.
He brought the fork back to his mouth,
and I took it as a good sign.

Then you opened
with a story about the death
of some poisoned dwarf wrestlers
that was well received,
judging by the slow
chewing of
the veterinary students.

Between biology homework
and cheese flautas,
they fell into silences
that were like potholes
on a narrow road
with nice scenery. At the end

some wiped the corner of their mouths
with a napkin,
others clapped
or kept on eating.

Before we left, we saw
an exhibit of taxidermied animals
in the cultural management hall.

# MAIZE

I have so many wants at once
they clash.
They collide like the world's
biggest bubblegum bubble.
Now that maize is leaving the house,
I'm the one who leaves houses.
I want maize.
I want so many things.
Porosity is a digestive issue.
So emotional, digestion.
I can't chew gum anymore either.
I leave the bags that still
haven't come from the past.
I leave them with mangoes and maize fields.
I become another milpa,
a geometry of kind forgiveness,
of wild peace.
A message was sent to the future
through the intestines.
Now it's reached my body.
Like that satellite
they sent to Pluto in 1994
that just arrived. That's how
a message from maize reaches my skin.
They want me to eat maize.
Maize has done so many
good things for the world.

# THE BUSTS OF MARTÍ

One fine day all the busts of Martí
started talking,
all the beautiful busts of Martí
began to speak Martí.
From the Martí with the Chacmool body in Vedado
to the one in Villa Lugano, in Argentina,
and the one in that park in downtown Shanghai,
the world was filled with talking Martís,
busts of Martí drawn
like apostles toward Popocatépetl
along zigzagging, resonating routes
until they lined up shoulder to shoulder,
all the Martís in América
all the Martís in the world,
all the busts of Martí.

There were those who thought
it was the end times.
There were those who wanted to send
amphibious troops,
journalists to interview
one of the busts of Martí,
but the chattering was so immense, so strident,
that every Martí made it impossible to hear the rest,
and they became a harmless roar,
molten lead, tree ash.

# LESSONS

The gardener mows the grass
outside the classroom
and sings a ranchera.
We all listen and smile,
our linguistics lessons
interrupted by the deep,
heartbroken voice of the good man
who gives us signs
of hope, loud and clear.
Someone who sings like that
when the light breaks through
and the trees sink
into the ant-filled dirt
returns something good to the world.
The gardener sings to the trees.
We look out the window and surprise him
with our applause. Applause
is a nonlinguistic sign,
they say, signaling the end
of the lesson. University
has scarcely begun.

# OBSERVATIONS

The girlfriends
of some poets
practically never speak.

Sometimes
you can hear their giggles
when one poet
calls another
"fag," "güey,"
or "walking nightmare."

I don't hear the girlfriends
of some poets speak,
I've paid close attention.

So I speak
with the poets' girlfriends.

My smile disarming,
complicit.
But nothing.

I want to make
friends with some poets,
but their girlfriends,
who don't speak,
don't recommend it.

# CUBAN BOY

Victor was 22 years old
and wanted to be a poet.

He said: "Your dress
matches your eyes.
It's getting late."

And he bought a coconut
and peanut butter candy
for the road.

In the early hours
we cut through empty,
cracked buildings
to get to his house.

Far from the frenzied book fair
and with him being so young,
I felt like a teenager
sneaking off from a field trip.

But there was something else.
A novel, profound
sensation of being at peace
with the night, with fate.

My body lost its fear
of deserted streets
in other big cities

where women
don't walk alone
with strange men.

Here destruction
studied our steps
like monks
waiting for nirvana.

His mother the next morning
asking me:
"So what do you think of my boy."

# FLOUR

*Bread is burning.*
DAVID HUERTA

I read my horoscope on the TV in the subway.
Aries: "Finish something you've started."

What else can I be done with this year
when I've given up even bread?

With what flour that's bad for my heart
and good for my body
should I keep abandoning the things I love?

Even if I sing to the men of maize,
to the merciful cordon around
the marchers,
bread is the lie.

I sing to the man of maize waiting
for a sound to bounce off some wall
to soothe this planet tired of swallowing.

Man of maize,
what difference is there now between the wound
where the rain gets in and your index finger.

# NATIONAL POET

If everything stays like this.
If everyone leaves now
that there's no water,
money or coquís,
the island will be taken
by iguanas
and sea lions.
They will make me a bust.
It'll be easy to be national poet
among a flock of lizards.

# PARTIES ARE NEVER JUST THAT

*Let us go then, you and I . . .*
T. S. ELIOT

A poem written on the wall
isn't just that
if she knows it by heart.
A poem by heart in another language
isn't just that
if he has it written on the wall.
A poem isn't just that
if it begins with hell in another language.
That is a conversation.
A few centuries later
it will be heaven.
One party and another party.
We thought it was just another party,
another pleasant December night,
but parties are never just that.

# TODAY IS ACID RAIN

We can't go outside without an umbrella.
No more going to concerts
or nurseries.
The IMECA pollution index
hit 172,
and we don't want to take
taxis or buses.
The power has gone out twice.
The future is watching movies,
translating American
poets, perhaps,
writing poems in acid-free
notebooks, in a bunker
full of coffee and herb,
insisting we live in the best
city ever. Let's bring
all the edible plants
into the house
so they don't kill us later.

# CONVERSATION WITH MY TRANSLATOR

She tells me,
"Read this one with an
ice-cold beer."
I read it while I'm driving,
listening to my daughter
fuss
with the sun on her face.

Where I say arrojo
she says edge
and I like what she says.

She points out
that the title doesn't work in English.

And on we go, folding ourselves
into shapes that are the same,
but different.

My partner asks
what I'm doing looking at my phone
while driving.

I'd like to tell him
I'm drinking a beer.

I'm on some edge
of some word
that still doesn't resemble rest.

But my translator enjoys
translating my poems
in faraway forests,
planting cariaquillos
with lemon balm.

This, too, is why
we write, so another
person can live on the edge
of some word
with no translation.

# FIREWORKS

I unwrapped a handful of words
we left behind in a notebook.
Is that what we are?
A poem written hand over hand in a moment
of paper and saliva.
We forget it, and it reaches us in the future
to remind us
of a journey we've been forgetting.

I found it in the red notebook
that mimicked seconds in a past
full of wanderers
with the phone receiver in a corner of light.

To gaze at the Ajusco, like making the bed,
until the mountain stops moving,
until our bodies recover
the rhythm of moss,
until the smell of fire
wafting from the forest fades.

Little paper boat,
your shipwrecked kisses,
mitochondrion childhood,
dragon that refuses to be born,
midnight cub on the breakwater at Playa Mosquito,
eternal questioner of riddles
on the white surface of a domino,
the lucky double zero,
don't let our jetties burn down yet.

# THE LOVER

Their encounters were as brief
as his description of the war:
"War is no place for a boxer."

She liked the coffee smell
of his body, the conversations
about poets and massacres
that she could never really understand,
the description of that place
he called La Playa,
like it was the only one on the planet:

"It smells like shellfish, rust, and salt,
the women sing
and the men play drums,
the people dance all through the night
and sleep at dawn on the train tracks
because they're cool,
they carve saints, sell ceramics,
alcohol, guano, sugar. There are brothels
of Black women where the prostitutes
are from Corsica, the Netherlands, and St. Thomas,
sailors who wear the dried umbilical cords
of their children around their necks
for good luck,
and laborers picking up German pianos
to deliver to the mountain."

This is how that boxer briefly
captivated the president's wife.
There's no plaque to remember their romance,
no iron scrap left of that place he called home.

# FALLING BIRD

Broken things have happened
as if luck were a mistake
that falls on our heads.
I'm not talking about accidents.
I'm saying that yesterday I was someone else
decorating a house in a basement
with vintage images
(I was decorating it
based on my fixation with magazines).
I have a dying grandmother,
and I'm not talking about that either,
but I get in the shower
and imagine the funeral poem
I've been writing forever.
I know that beauty dies
and that as it dies it crumbles
like the mistake of a falling bird.

# Perishable Paradise

*Islands are the cruel enemies
of tenses, except for the present.*

JOSEPH BRODSKY

# PERISHABLE PARADISE I

Behind the old
CORCO refinery
there is a dock
we'd never seen before.
Despite the iron pilings,
the boats are worthy
of a postcard,
if only we didn't know
about the heavy metals
in the air.

# PERISHABLE PARADISE II

In paradise there are oysters,
a man selling crabs,
a beach where the sun sets
while you hang your hammock.
In paradise they only prepare fish
at Caro Valle's shop,
I float on the water
like islands float on an atlas,
and your hands rock in slow motion
a drifting body.

# PERISHABLE PARADISE III

We stop
to smoke, while the sky
fills with gunmetal blues
and the Lajas blimp
appears in the distance
like in a Japanese movie.

It's a great day.
Life seems to tell us
that it's time
to relaunch with a new
radar system.

# PERISHABLE PARADISE IV

I'd go to the beach, but yesterday
a wall of inert salt
cut off the coast.

# PERISHABLE PARADISE V

If he brings you flowers
before getting to know you
he'll leave before you know him,
or that's what you'll think
those first days.
Then you'll notice the vine
he brought from Jayuya,
the queen of the night
he transplanted,
orégano brujo
from Playa Buyé
he put inside a tequila
bottle, and you'll realize
he left a garden
so that you'll bloom
in his absence.

# TOURIST FOR A DAY

In Ponce I was a tourist for two days.
Now they call me lady,
and I understand I've stopped
being a tourist and become a local.

Words are little boxes
into which we put
and take out other little boxes.
As Swedish as that might seem.

Sometimes we're tourists
in our own land.
Land is a figure of speech. Being "lady,"
a geographical accident.

# BEATRIZ MAGADÁN

In a shack in Chacahua
lives Beatriz Magadán
with her little chicken that listens to hearts.

She cooks seafood
in coconut oil on her woodstove
and talks when the chicken isn't listening.

She crossed the border in a trunk
with every one of her children.
Over there she was baker, tortillera, house
keeper, mother, grandmother, and wife.

One fine day, empty-handed, on foot,
she returned to her village on the
Pacific shore. "Fear," she said,

"is not a mother in a trunk
waiting for them to take one of her children,
fear is not daring to do something else."

# I'VE RETURNED TO THE SHORE
# TO NEVER SEE THE SEA

Again I walked the arches, but that once yearned-for smell
of burning brush
is impossible now. How to explain

that the shortest path was not the curve
and even less the line.
I'm in the unseen in between.

If the cat is fat and that's well-being
for a cat, the Caribbean suits him.
And that, here, is no small thing.

Almost no one settles here.
So if the cat has emigrated
and he's fat and happy, that's a comfort.

The people I came to see leave
when I knock on the door. The cat doesn't.
The cat stays in the house waiting for me.

# THE BREAKWATER

This island is full of women
who return like bones
tossed back by surging seas
or turtles to their natal shore.

They were prepared for the debt,
but not for heavy metals in the water,
cadmium in the ash they breathe.

Unprepared for the poverty of the house,
for a piece of the pool collapsing,
a bad tooth for which your mother
will have to wait three months
because illness also waits in line.

Now I'm walking on the breakwater.
I remember two happy people
perched atop a past joy.
This time it's day.
I just arrived by prop plane.

I don't think I'll succeed in writing
the comic poem about heads
Cindy asked me for when we were fundraising
for Elizam's treatment,
but you'll be a poem
about coming back to a breakwater,

and weighing the pieces of this island,
its heavy metals,
the loved ones who leave;
thinking, from another shore, about survival,
and among so many mosquitoes, about love.
I return to set foot on this land
and walk with the women
who come back to this breakwater
to hold back the surging sea.

# CIRCUMSTANCES

Lots to say on that subject.
Let's make a disclaimer.
The zebras wave so that we don't notice
—the stripe—
when the shadow falls on itself.

The zebras are beautiful, and they confound
the best villager, or the lazy ones
keep chasing the perfect dream.
Meanwhile, tires shriek.

Sharks are not the biggest danger.
There's so much mercury now
it keeps them away from this coast.
They show their teeth anyway.

Some are savage, beautiful too
they show up in newspapers, and they tweet.

We are fireflies
dancing to make light.
In vain, because we know they lie.

# BO

There's no one to return
his school of fish to the sea
or buy salt-eaten cities.
Bo is broken.
They carry it wrapped in sheets and oils
despite no longer believing in bonfires, runes,
not smoking the brujo's pipes,
or burning pain inside bottles,
or swallowing an enemy's heart,
putting out eyes,
or building shrines to dead fish,
or placing the bones of love
inside a conch shell
to birth the sea.

# THERE IS A DEBT

*There is a song,*
*but it's broken*
*and it's useless to say it in pieces.*

There is a debt
but it's broken
and it's useless paying in pieces.

There is a *magesty*
but it's misspelled
and it's useless to call it king.

There is a king
but he's in pieces
and it's useless to say he's in debt.

There is a language
but it's in debt
and it's useless to say it.

When I told them "mirage,"
they didn't see anything because they'd never
heard the word mirage:

Thirty-five revolutions facing me
muttering
and they'd never said
mirage, or magesty with a g.

They'd seen
windmills
that don't turn
in Santa Isabel
from whence come
giants with a g,
and surgeons with a g,
and governors with a g,
and Galicians with a g.

But I have a debt,
it's broken
and it's useless to pay it.
I do not have
1
2
3
4
5
6 pelicans, but I owe them.

I do not have 1
            2
            3 girls,
but I owe them. I do not have
1
2
3
4
5 islets, but I owe them.

I have a piece,
but it's broken
and it's not useless to say it.

# THE CHINESE HAVE ARRIVED

The Chinese have arrived, they've bulletproofed
the ice cream shops, fed sesame seeds
to the lions, and bought up the ghosts.

The Chinese have arrived in Ponce,
and they're not here as vejigantes or soldiers,
and they don't have trisyllabic Corsican last names.

Everyone points at that old shop. The fruit vendor
opens his eyes and says, with spiritualist surprise,
"I've seen them, they have silence tattooed on their necks,

and a bag of rice that leaves a trail of grains
all the way to the port of sunken galleons."

# ATRÓN

No more promises,
our signs say.
Emmanuel wanted to know if the signs were
protesting suicide.
He asked looking into my eyes.
His father warns me
that Emmanuel talks a lot.
"Don't pay attention if you don't want to."
Emmanuel reads the sign I'm painting syllable by syllable.
"Ev-ery-bui-tre-gets-its-pi-ti-rre."
Emmanuel knows a pitirre is a bird of prey.
He's seen them out in the country when his dad takes him to
     the river.
And a buitre is a bird that eats dead meat
like the turkey vultures that hover over the highways.
Emmanuel told me that vultures are like Atrón.
"Who's Atrón?" I asked him.
"A blond man who's gonna build a wall in the ocean
so we can't get to the United States."
Emmanuel knows this because he saw it
on TV. Emmanuel asks me
if the buitres are like Atrón.
Emmanuel's father calls him from the boardwalk.
"Let's go," he yells. "Say goodbye."
He takes off running.
Talks to his dad and comes back.
"My dad says to call me on his phone
if you get together to paint signs again.
I want to make some to protest Atrón."

# ALASKA

What's left of the sea
gets packaged in Alaska
at the cost of our bitten skin.

It's taxing to talk on this island
because every breath of air
lets in a fistful of repellent.

We get word from Alaska,
and it's not avant-garde poems.

The cost of a ticket to the 49th state
has no equivalent in palm trees.

Forty-nine palm trees aren't collateral against
the balance of natal debt.

This riddle bites at us all.

# FALSE ICE CREAM SHOP

She asked me for an ice cream machine.
When she said it, her prominent collarbones
were beginning to wilt,
but her skin was coconut flesh itself.
She wanted a machine to make ice cream
to sell in the neighborhood
so she could pay for the maintenance
of houses she no longer inhabits.
It didn't matter that she'd returned
from a postwar city.
To remodel the interiors of an Ottoman past.
Nothing mattered.
There was no work on this island.
Doing things right doesn't matter,
says her body. I wish I could tell her:
"The ice cream machine will fix everything."

# AFTER THE STORM

Dozens of cars
wait in line
for a little fuel.

At the gas station
they're waiting for a ladder
to get up to a generator.

Faith is waiting
in this line
for the machine to work.

We want
a little fuel
to reach our town
and see if our house is still standing.

We want gas
as our honeymoon.

All verbal forms
are unlikely options.

What remains of the scenery
is people lined up
waiting
for a machine to work.

# DOMESTIC TOURISM

They hear the gas stations
explode
in the distance.

Beautiful animals
discussing
pencils and exhaustion.

I thought
about my students
as if gathering
words from an oil spill.

# RUST

The cars at my house
had rearview mirrors held together with silicone
because we had no money to replace them.
The fragmented mirrors
like pieces in a bad puzzle.
When you looked in them
you'd see drunken drivers, battered women,
teenagers primping,
children left behind in back seats,
couples walking to motels or church,
murderers dressed like entrepreneurs,
you'd see stern nuns looking straight ahead,
the evangelical neighbor yelling at his wife,
potheads hotboxing, newlyweds,
ambulances,
musicians on their way to concerts at the amphitheater,
people dealing drugs, weapons, bones,
you'd see green plantains brought from Dominicana
and giant pineapples sweeter than honey,
colorful Volkys;
you'd count them, and little by little they disappeared,
fishing rods, surfboards,
the strips of wood my father used for framing
and that my schoolmates
would call shotguns,
you'd see cops
who wanted to fine us for driving fast, for driving slow,
for driving with rearview mirrors held together with silicone,
you'd see the heroin addict by the traffic light

left behind asking for change
as the rusted cars sped away
to get home,
get to school, to the university, to work.
Broken rearview mirrors,
mobility rusted by salt,
the sea everywhere, fractal reflection in a downpour,
possibly El Yunque, seabirds, yagrumo,
flamboyán like the road hemorrhaging.
In the rusted cars at my house
we mounted small
revolutions
of love and school,
I pronounced the word periódico correctly,
I drove fast on the freeways and the scenic route,
I snuck off to the Grito de Lares and sometimes saw some
    ghosts:
the railroads circling the island
and people's faces
peeking through carriage windows,
no one complaining about the lack of air-conditioning,
I saw my uncles without a seat belt on Route 2
before the accident that made my mother cry
and my grandfather rolling up the automatic window
like it was a major step forward for the family.
The past of this island can only be seen
in the badly glued shards of a broken rearview mirror:
rusted memories
that are closer than they appear.

# The Edge

# THE EDGE

"What counts is the edge," he said.
The edge is not the same as being edgy,
something I've been told I am,
nor is it the same as being on the edge,
which is especially dangerous in some geographies
or near certain bridges or people.
The edge, I thought, is fragile like a bridge,
fragile like her desire as she edges up to someone.
The words edge and ally can look alike
when scrawled too fast.
"To be edgy is a good quality," he says.
I think I've found a new ally.

# SLEEPING SMOKE

*(erasure poem)*

We did not hit upon
the strange salon.
The fence saying:
scholar.

The stranger's steps
   from the gardens, from the arcades
silence granting him a hierarchy

       wandering
across the earth    he was called to come
he wouldn't leave    us always
with beards and damp hair hanging straight
bony chest between

      languages
one day by our side
and everything was in them as in     orbits
       and he looked at us some more
      and

smiled
road with no road.
He'd appear, returning, advancing. He got lost
as if he'd melted.

      Where is he now?
someone walking endlessly
go, go, go!    The smoke
      that solitary
      like our blood

our thinking, a thought we allow
to lose itself forever naked
on a road without shelter
                    that made us
fall
into "literature"                    say those same
literati.

# DROMEDARY

*If I were a dromedary*
*I wouldn't be thirsty*
VICENTE HUIDOBRO

Original market,
stop-motion on the sand,
you are one shadow clinging to another.

Your teeth like argan seeds,
goat with a hump,
hoof of fossilized stone.

Friend of the desert's silence:
pregnant heat
full of thirst.

# WEEDS

The new moon in a colony
augurs seeds like antidotes.
One must learn to read the weeds.
This is not a prophecy.

# I "LIKE" YOU

Between the concert in Spain,
the basketball game,
and your feet treading on rose apple flowers,
I "like" your feet.

Between a great-uncle's 102nd birthday,
the reading I didn't go to,
and your hands drawing a sunset,
I "like" your hands.

Between the campaign against global warming,
the image of someone else's childhood,
and your photo of the manatee with her calf
taken from up high on a cliff
on a mango farm,
I "like" your photo.

"Liking" to arrive at a consensus
capitalistic and fleeting,
redundant presence
that affirms,
"I love the trace of your pixels."

# DISCOVERIES

From weeping you discover
what thunder learns from the cloud:

its passage through the body.
The fatigue it leaves behind

like a wake. You learn
how it passes like ants.

In time, it disappears.
Like a dream, it's forgotten.

Like the sun, it turns you red.
And like milk, it soothes.

# TETITA

Experts say that mother's milk
is the best source of nutrition for your baby
in the first six months of life
but we also do it
so we won't drift off through the galaxy with no way back,
or live forever inside a liquid bubble,
to learn to separate without losing love,
to look into someone's eyes without having to speak,
and to care for foreign flesh,
we do it to scratch birthmarks with a fingernail
the way the fiercest doubts scratch
and to dream that skin is a sheet made of silk
or that smelling what you love is the secret of gravity,
we breastfeed to quickly learn the part through the whole
and that there are things that, once named, banish
sleep, hunger, fear, cold.

# ANOTHER VERSION OF THE EDGE

One day you wake up and want to stick your fingers
in all the outlets, the fans,

throw yourself from all heights,
eat the shredded plastic of clothespins.

There is such death drive in your will to live.

Sometimes we trip over you when like a bougainvillea
you twine around our legs with an insistent grip.

One day I put your diaper on too tight.
Papá burnt your foot with hot water in the sink.

You tear leaves off the orégano brujo without mercy
and then blow a kiss or wave at it.

Already you hurt what you love without meaning to.

# THE ROCK I LIVE ON

This piece of earth
I bought
at a discount
is igneous rock,
volcanic.
I hold its stones
and think:

This was lava.
It was so hot
if I'd been this close
I would have died.

It was flame. A place
I would never live.

And look at us now.

# I AM NOT INTACT

You were born
and everything else disappears.

A legion of caterpillars
ate our garden.

From one day to the next
there are no greens left.

What's left of the passion fruit vine
looks like a freshly bombed
country
or the national highway.

Two I love die.
The verb tense is confusing.
They are dying.

In both cases
it comes down to air.

# NOTHING LASTS

Water
stagnates again.
Loving me no.
Mortals yes.
Little cage underwater
to see
strange fish
fall back in love.

They sway nothing.
Awake yes.
Dream no.
Mountain yes.
Beach no.
Urchin yes.
Hammock never.

They hide nothing.
They recommend
going to see the reefs
the salt bells
the mollusks
the monster
going extinct.

Let the water sway.
Dorsality,
dorsum and wings,
orality,

dorsal salt.
Aloft me.
Flight and flavor.
Aloneness.
Flash
alone.

# LIQUID

To water does not cover
how grateful
the plant must be
if you water it.

Plant seems
inadequate
for naming all
the green of leaves.

She is noble,
I say when they see her
with each one
of her vortices
passively reclaiming
its circumference.

We say diluting
as it's been called
elsewhere,
and that tone is not
quite right either.

Something like misting
but stronger,
because I give it
so much water.

The acrobatics
of inventing a verb
that does justice
to its accident.

To downpour the sky
will take in its name.
I perceive a liquid
action, not liquidating,
fair, not flooding.

Difficult to bear light
in water.

# I DIDN'T SAY DELUGE OR DELIRIUM

Windshield wipers broken during
a delugium
sometimes are not redundant.

Not a coincidence to drop the riddle
if everything is music in a single word
written with your letters
open wide.

Some wipers nap
(tell them sweeping soothes you
and that wiping the impression off the surface
is part of the detonated spiral,
its roots moist beneath the ground).

# AMBITION

I've gazed at it with the wonderment
of a child witnessing
another animal's birth
for the first time.
Is this a newborn insect?
A seahorse?
Do we tend it like an orchid?
Can it give us beauty?
When ambition came to me
I had my feet buried in the sand
a cigarette between my fingers
in desperate need of a manicure.
Ambition was not well dressed.
She arrived with the breaking wave.

# THE ONES THAT FLY

The ones that fly
(birds of prey, pilots, tourists, flies, some balloons,
some bullets gone astray, some in cages that fly but
don't know it)
have an airplane inside
full of Japanese women and me seated in the same row
talking like we're on a branch.

The ones that fly carry a bird in their breath.

All of my departures just wanted to know beak, wing, collarbone,
the window seat,
compost, helium.

Thirst
    on airplanes
        does not compare
            with thirst
        on islands
        below the plumage
        nested
        thirst in parks
        the thirst of concerts
        the thirst of the dead
        of thirst.

In that nest
floating
on the water
birds are named

and I never thought
I'd speak in so many latitudes.

Sometimes
there's thirst
in the air,
and sometimes in the stairwell
of a house that isn't yours,
but is                    indeed a nest.

Outside the bird

I speak the names          and          language flies.

# SPELLING IN THE DARK

How do you abeecee
your sleepwalking eyelashes.

Trace of spasm.

"Undeniable presence
of smoke of smoke,"
I said.

I arrange the furniture
by the first syllable of silence.

I use it to sew the defeat of the gaze
you gifted me that day,
distant the births,

and strangely I manage
to rattle the rearview mirrors.
Even though we're no longer
late for school.

It is the last stage
of a gravitational collapse
it is.

# SHE DECIDES TO FLEE IN ANOTHER LANGUAGE

This idea of innermost
loss
that drenches everything
on the other side
of the window,
tantrum of clouds.

If I could stay forever
with your spices
I would spoil the cliffs.

Let's think about the word
space as in some
tongue tripped up
by discoveries.

The last time I saw you
you looked like a sigh lost
in the pages of some comic.

Yes, I know:
a slant look
is not like having
your roots upside down

or kissing the mailman,
transcending you.

*Balance Due*

# NUMERIC FLORA

One hundred and seventy-three out of every thousand women
in Alabama were named Rosa

in nineteen fifty-five.

One of them sat in a bus
that carried all of us women to a future of jobs

and museums but with an idea of justice
that roamed around the seams of the car industry.

(Some Rosas were not counted in the census
because they had just crossed the border
or just germinated.)

A girl born by caesarean who wasn't breastfed
was the last one named Rosa
in nineteen eighty-nine.

That same year Rosanas stopped being born.

In the eighties Rosarios went extinct.

In the year nineteen ninety
not one girl was named Rosemary.

In two thousand five, one out of every thousand women
in the United States was named Rosa.

There is residue of the Big Bang in roses,
residue of radiation, there are fewer bees
on the planet pollinating those roses, there are fewer Rosas.

# TRAVEL NOTE

Dear brother,

I wanted to gift you a compass,
but you had to leave
for the airport in such a rush.
This time
don't bring coordinates,
tell me about some love,
arrive with a scar
that erases all the planes
of your habitual engineering.

# THAT PHOTO IN BLACK AND WHITE

Emma posed with her black
sequined dress

in makeup and tights
next to the television.

No one told her then
that the future would hold
a little housecoat,
the chatter of the news.

Nothing more.

# BRAID

When I braid your hair
it's your head that asks to be a nest.

You ask me to braid your hair,
to donate supplies for your salvation.

A condemnation is born.
I ask for return.

If you arrive in time to help with my bags,
bring me a lock of hair
from a Navajo chief.

I'll make sure we have
to change a tire.

# THE PRIZE

The winning number
is never in the lottery stalls.
Sometimes I go in
the lottery office
in case someone claimed
the prize I lost.
Somewhere
that prize exists.
Sometimes when I'm sleeping I see
the number on a calculator
with lots of zeros.
Then I'm filled with the certainty
that we are that number.
Each person in a lottery stall
is the guardian of a dream
that we desire
and which is not looking for us.

# BALANCE DUE

We're left alone
talking about the men.
From our grandfather
to our most recent ex,
they all had an affair,
dirty laundry,
a child who turned up at the funeral.
The children covered it up.
The men would faint
at the sight of wives arriving.
The wives ripped off wigs.
The orphan nieces
looked after their grandparents.
In each story, a Dominican woman.
Luckily now the nieces and nephews
overhear our laughter
from the living room. We're left alone
talking about the men
we no longer cry over.

# BÉLA TARR IN THE FILM CLUB

He projected images
in the forests of Hungary.

He muttered between his teeth the names
of the most beautiful films.

One day his girlfriend flew the coop,
that birdhouse in Finsbury Park.

She left like a Mossi warrior leaving
a village at war.

That's when I learned he used to throw
the iron and the blender at his girlfriend.

She, who traveled alone all the way to Burkina Faso,
who drew wild birds.

My friend hit his girlfriend.
I never found out in what muscle he buried

his Ural Mountain violence.
I remembered the day he arrived, cheerful,

with that tattoo of a friendly siren,
and that time we saw the movie

about Béla Tarr at the film club.
Silent sequence shot in one take,

whale corpse in a traveling tent
a short, terrified man enters.

They've carried off his friends,
and the man enters the tent,

to see in the eye of the dead whale
another impossible world.

# GRASSHOPPER

When I pulled back the sheets,
a dead grasshopper appeared.

We were stunned,
looking at its dried, iridescent wings.

Friends were waiting in the living room,
but I wanted to get in bed
in that room full of memories.

When I pulled back the sheets,
the dead grasshopper was there,
draped in the desire

of two creatures ready
to desecrate its tomb.

# A PLATE OF WATER

Every minute away from her
passes with the ease of her voice that rings
like a stone tossed into a lake.

I accept that the stone sinks
to recover my mother's voice
in the mournfulness of your love.

A gift on each cheek,
ribbon of spit and bird calls,
even if the sugar runs out
or I don't have any wheat,
I cannot fathom the fire faltering.

Happiness is one way
we will remember
having danced among vejigantes.

And I barely know how to set this love
over a small plate of water
so the ants won't devour it.

# SEVERANCE

I'm not in the habit
of noticing birds,
but lately I accept
that love may be
following you like a cautious fan,
counting the vultures on the road,
pelicans with wings like outstretched clouds,
wild nopales
and swings hung from flamboyáns
in Barrio Bélgica. I don't usually
optimize my habits,
but lately I accept
that love may be
buying a seat for the bicycle
that takes us to see Río Portugués together,
and from there to the sports equipment store
to keep loving each other
with gel gloves and ultralight helmets,
to return to the boulevard
and blow each other kisses from bike to bike,
placing the ball of the foot
in just the right place.
I don't generally
optimize love, but now
I know that holding myself up
is a form of loving
and each red-tailed hawk
is a sign of something
that could take flight
even if we don't get paid
next month.

# EYES GET TIRED AT THE MONITOR

The coffee went cold.
So many hours together without talking.
How often physics fails us.
Let's stop writing in rectangles.
There is a universe in the corner
making time.

# THE BANKER'S DAUGHTER

I'm the daughter of a banker
who turned into a carrot,
fishermen's canned beets,
a banker who went to hospitals
like they were summer camp
and swam races
with other patients,
as if he owned the pool.
I managed to write this poem
with a broken pen,
while he was taking off
his banker's suit
and tubercles sprouted
from his economic training
to paint other landscapes
with flamboyáns and frail palm trees
with caravels anchored at Isla de Cabras,
fish hooks sunk
into mother Spain.
I'm the daughter of a banker
who one fine day got out of the pool,
took a nap,
and was one no longer.

# JEEP CHEROKEE

Ever since I came back,
there's a Jeep Cherokee
between my father and me.
It's the old guagua
my brother left behind
when he joined the army.
I'm back to driving the car
I had in college.
Now that I make the same amount
I did as a student
the Jeep is a limousine.
Just like it was twenty years ago.
My 76-year-old father
likes that I have something of his,
something only he knows how to fix.

"I changed the oil for you."
"Don't trust mechanics."
"It's not the radiator."
"I fixed the windshield."

Every time I see him, we talk about the Jeep
as if it were a little girl
he needs to look after.

# FERMENTATION

Happiness is bacteria
in balance.

Putrefaction pleases and expands
when it sours.

Mistrust must be
an inadequate mix
of intestinal flora.

How much living matter
we transform,
how much intimacy is risked

when we don't ferment
the excess.

Everything rots in heat
and in packaging.

We throw ourselves into awaiting
another species.

# LA MARSEILLAISE

I thought I'd find "La Marseillaise,"
but there was
something else inside,
which happens when things get forgotten.
I meant to tell the story of a great-grandmother
who came from Corsica
and sang "La Marseillaise,"
but inside the text
was something else. "La Marseillaise"
is a text I forgot
but which I remember writing
and I thought I'd find
but there was something else inside.

# NATAL DEBT

I'll say storm.
I'll say river.
I'll say tornado.
I'll say leaf.
I'll say tree.
I'll be wet.
I'll be damp.
I won't be a bust.
I won't be a pelican.
Baby I'll want.
Man I'll want.
The man's song I'll want.
Woman I'll always be.
Small woman I'll have.
Small island I'll have.
I won't have money.
I'll have a dream.
I'll have too much work.
I'll say salt.
I'll say papaya.
I'll say bean and yuca.
Car I'll have.
Fuel I'll have.
Washer I'll have.
Everything's so expensive I'll say.
Everything's so pretty I'll say.
Cats I'll have.
Cat hair I'll have.
Mother and father I'll have.

Mother I'll be.
Aunt I'll be.
Wife I'll be.
Friend I'll be.
I'll have little.
I'll have a rented house.
I'll have debt.
I'll say tree.
I'll say leaf.
I'll say tornado.
I'll say river.
I'll say storm.

# MAN

Man,
return to your forest
because you have a tapeworm
in your brain,
lodged as if in a den
that I didn't buy without the bread of my brow.
Nation, don't eat strawberries
on the freeway, because of the tapeworms.
Strawberries, don't be suburb.
Atlántico, don't be island.
Father, don't be güero.
Tourist, be gray-haired
and don't eat strawberries either.
White woman, don't be wilted.
Ciales, don't be fear.
Pastry cook, cross Madrid.
Sweets, take the metro.
Father, no one told you to save your country.
Nation, don't eat strawberries,
howsoever
father bites himself. Farmers,
sell on the highway.
Tapeworms, don't be house.

# WHEN TREES FLOAT

I was all the rocks
thinking about them
like two sad little twigs

with their genealogy

of floating trees

("sorrow,"
you said one morning
before school, "sleeps far
from clay,
because it has no faith
in the tenderness
of kilns").

# VIOLETA'S ALBUM

Did you love him a lot?
In how many chinampas did he promise you laurels?
How many stars did you count together from the Torre
    Latinoamericana?
Did the sugar skulls in Chapultepec smile at you?

That woman glued onto the pages in the album.
The coins from that trip where you met
the man you loved before you were my mother,

album of the seed that didn't germinate,
wish on a church votive blown out by the wind
swiftly and with static.

Blush applied with red pencil
on the retouched black-and-white photograph.

# TIN CAN

*to perpetuate the key*
*of how a body concludes another,*
*of how man, one scar at a time,*
*becomes perfect forest,*
*city of shell,*
*jungle of air*
VANESSA DROZ

Today while I was talking to María
I noticed that an old
scar on my left thumb
from when I was little
began to turn red again.
I've tried to ignore it,
but each time the scar
travels back in time,
and it's like it just happened.
I must have been thirteen, fourteen, or fifteen,
and I cut myself on the edge
of a tin can.
Something so trivial and poorly healed,
I thought. Even that fragile,
new-skin burning has returned.
I told María what had happened.
She opened her eyes,
brought her hand to her forehead,
and searched her body for a scar
going back to her childhood,
or a childhood going back to the scar,
in case the time had come

to recognize the common wound
in our shells,
in case we'd said something in unison
that took us back in time
as though the wound had heard
and cracked from keeping quiet,
as if our scars had
uttered a war cry: awake,
scars of the world, hurt.

# TO PAINT A HOUSE

To paint a house
you have to work overtime,
first get rid of pests,
sand the windows,
set priorities:
the guano on the roof,
the eroding earth,
the cockroaches,
mold on the walls.

To paint a house,
that is,
to coat with paint those walls
where bodies
and their names
have beds, cribs,
nests, pillows,
eaves where they sleep.

You must make sacrifices
to paint the house.

You need several jobs.
To be disciplined, packing
lunches for the week.
Make ample time
where there is none.
Skip your cousins' lavish weddings.
Repeat to yourself the reason

you won't ask for a loan.
Meanwhile I wear myself out
staring at the peeling wall,
postpone the task another month.

To paint a house or count
the stretch marks left
by the quaking earth
that you'll have to cover up,
straighten out, decide no, you don't need
to paint the house,
don't ever paint it, wait
for the salt to strip
what's left like
chipping nail polish,
stop thinking about painting it,
steal back those sleepless seconds
from the night,
give them to another dream,
perhaps some rebar to shore up the house
like you shore up your daughter's crib,
leaving the doors open
to get out in case you need
to evacuate the house
stripped bare.

# LAST NAMES ON THE BODY

In 1837 William Montgomery
believed he was the first to discover
the areolar glands that now populate
my milk-filled nipples.
Since then, we call them
Montgomery tubercles.
I prefer to call them sugar freckles,
milk oases, sunflower pollen.
In 1872 John Braxton believed he was the first
to discover the contractions
that prepare me for my daughter's arrival.
Now we call that unexpected force
that contracts the matter of my womb
a Braxton contraction. I prefer
to call it birth rehearsal,
flash flood, underwater volcano.
In 1886 in front of another group of men
James Chadwick identified
the violet color labia turn before delivery.
Chadwick's sign, they call it.
For me it resembles nothing more than
an eggplant that becomes the cosmos.
The nomenclature of expectant bodies
is the strange poetry of a demiurge
that has nothing to do with those gentlemen.
Linea alba, primipara, gravid lunacy.
Shall I give a mountain my last name
because I gaze at it? May I
name my lover's mole

after myself because I discover it?
The day we erase those names
from women's bodies
another tongue will write their expansion.

# HOMAGE TO THE NAVEL

Navels sometimes end.
As a preamble,
the body draws a road
from the door
through which you'll arrive
to the place of areolae
where you will calm your hunger.
Origin of anthill
of white light that from me
will come back to you to teach us
that a navel ends
when another is
about to begin.

# THE DAY YOU WERE BORN

I thought I was drowning,
but the nurse said
that, according to the machine,
everything was fine.

I'd already heard your cry.
Your dad saying: "¡Es negrita!"
(Though really you were red.)
And his voice serenading you before
my eyes saw you.

Suddenly you were
in all my senses.
Giving air to someone who hadn't
known till now she was breathing.

Your body close to my face.
Your mouth already on my breast.
My voice telling me, "She's
perfect!" The doctor

painting with the vegetable inks
of your placenta.
The nurses tearing up
over your father's voice.
My gut still wide open.

Nine insurgent pounds
of wailing and heat
had come from me
like from a volcano.

# EPIGRAPH

Antonio said the isla centro
was impossible to pin down

it would reappear
time and again

in the poems of cosmographers
always furtive.

This is one of those appearances.

This Isla has few words.
The first was star; the second, water.

All are made of clay and can be unmade.
All should say nontoxic.

Here is an Isla who sees another island on the horizon.
If you don't call it a cay, she corrects you.

Names recur.
What they signify within people don't.

# THEN MY DAUGHTER

Turned to her toys and said
the first to realize
will be those who watch over the air;
those who survive
will stay away from machines
and retreat to the few remaining forests,
they will never send another text message
or their children to school,
but they will sing and mourn
the way one sprouts avocado seeds
on toothpicks;
they will speak of heavy metals in the air,
they'll remember the names of clouds,
read in the shade of tree trunks.

# ACKNOWLEDGMENTS

## POEMS IN POETRY BOOKS

In *Falsa heladería* (Ediciones Aguadulce, 2018): Lectura en un comedor universitario, Maíz, Los bustos de Martí, Lecciones, Observaciones, Joven cubano, Harina, Poeta nacional, Las fiestas nunca son sólo eso, El amante, Paraíso perecedero, Paraíso perecedero I, Paraíso perecedero II, Paraíso perecedero III, Paraíso perecedero IV, Paraíso perecedero V, Turista por un día, Beatriz Magadán, He vuelto a la orilla para nunca ver el mar, El rompeolas, Circunstancias, Bo, Hay una deuda, Han llegado los chinos, Alaska, Falsa heladería, Después de la tormenta, El arrojo, El humo dormido, Matojos, Te doy like, Nada cunde, Ambición, Saldo, Trenza, El premio, Béla Tarr en el cine club, Saltamontes, Un platito con agua, Liquidación, La hija del banquero, Jeep Cherokee, Fermentos, La marsellesa, Deuda natal, Apellidos en el cuerpo, Homenaje al ombligo.

In *Poemas para fomentar el turismo* (Neutrinos, 2016): Turismo interno, Los que vuelan, Dromedario, Hoy es lluvia ácida, Pájaro que cae, Flora numérica, La mirada se cansa en el monitor.

In *Arcadian Boutique* (Ediciones Punto de Partida, 2014): Fuegos artificiales, Nota de viaje, Pájaro que cae, Moho, Líquida, No dije diluvio ni delirio, Deletreando a oscuras, Ella decide huir en otro idioma, Aquella foto en blanco y negro, Hombre, Cuando los árboles floten, El álbum de Violeta, Lata de reservas.

In *Para pintar una casa* (unpublished): Epígrafe, El día que naciste, No estoy intacta, Tetita, Entonces mi hija, Para pintar una casa, Conversación con mi traductora, Descubrimientos, Otra versión del arrojo.

## POEMS IN POETRY ANTHOLOGIES

In *The Sea Needs No Ornament / El mar no necesita ornamento* (Peepal Tree Press, 2020): Moho, Atrón, Jeep Cherokee, Poeta nacional.

In *Isla Escrita* (Amargord Ediciones, 2018): Pájaro que cae, Aquella foto en blanco y negro.

In *País imaginario. Poesía latinoamericana 1980-1992* (Ay del seis, 2018): Madrid: Turismo interno, Flora numérica.

In *Cuerpo del poema* (ICP, 2017): Pájaro que cae.

In *Transfronterizas* (Editorial Punto de Partida, 2016): Flora numérica, Los bustos de Martí.

In *Libro de La Promesa* (Ediciones Alayubia, 2015): Hay una deuda

In *1,000 millones: poesía en lengua española del siglo XXI* (Editorial Municipal de Rosario, 2014): Moho, Flora numérica.

## POEMS IN NEWSPAPERS AND JOURNALS

*Claridad*: La piedra sobre la que vivo, Para pintar una casa.

*Periódico de poesía*: Conversación con mi traductora, Descubrimientos, Otra versión del arrojo.

## ENGLISH TRANSLATIONS AND/OR BILINGUAL EDITIONS APPEARED IN:

The Busts of Martí: in *seedings* (Duration Press, 2017).

The Busts of Martí, Numeric Flora, Falling Bird, Travel Note, Rust, Tin Can, Fireworks, Severance, Real Title, Man, The Chinese Have Arrived:

in *As Though The Wound Had Heard* (chapbook, Cardboard House Press, 2017).

Perishable Paradise I, Perishable Paradise II, Perishable Paradise III, Perishable Paradise IV, and Perishable Paradise V: as earlier versions in He Brought Me Flowers, in *seedings* (Duration Press, 2017) and in *As Though The Wound Had Heard* (chapbook, Cardboard House Press, 2017).

After the Storm, False Ice Cream Shop, and The Breakwater (earlier version): in *The Common Magazine*, issue 16 (2018, print).

Last Names on the Body and Homage to the Navel: in *The Common Magazine* (2018, online).

Beatriz Magadán, A Plate of Water, Atrón, Grasshopper, I've Returned to the Shore to Never See the Sea, Alaska, Today Is Acid Rain, Nothing Lasts, and Natal Debt: in "Not in the Original," *The Puerto Rico Review* (August 2019).

# ABOUT THE AUTHOR AND TRANSLATORS

MARA PASTOR is a Puerto Rican poet and editor. Her work has appeared in journals such as *The Common*, *Brooklyn Rail*, *The Puerto Rico Review*, *World Literature Today*, *Latin American Literature Today*, and *seedings*. Pastor is the author of six full-length poetry books in Spanish, as well as the bilingual chapbooks *As Though the Wound Had Heard* (Cardboard House Press, 2017), translated by María José Giménez, and *Children of Another Hour* (Argos Books, 2014), translated by Noel Black. She holds a PhD from the University of Michigan and currently teaches literature at the Pontifical Catholic University of Puerto Rico in Ponce.

MARÍA JOSÉ GIMÉNEZ is a poet, translator, and editor working in English, Spanish, and French. Assistant translation editor for *Anomaly*, Giménez received the 2016 Gabo Prize for Literature in Translation & Multilingual Texts and fellowships from the National Endowment for the Arts, the Banff International Literary Translation Centre, and the Katharine Bakeless Nason Endowment. Her published translations include Edurne Pasaban's memoir *Tilting at Mountains* (Mountaineers Books,

2014), Alejandro Saravia's novel *Red, Yellow, Green* (Biblioasis, 2017), and a chapbook of poems by Mara Pastor, *As Though the Wound Had Heard* (Cardboard House Press, 2017). Among her other awards, Giménez was named the 2019–2021 poet laureate of Easthampton, Massachusetts.

ANNA ROSENWONG is a translator, book editor, and content designer. Her translation of Rocío Cerón's *Diorama* (Phoneme Media, 2015) won Three Percent's Best Translated Book Award, and her collected translations of José Eugenio Sánchez are available as *here the sun's for real* (Autumn Hill Books, 2018). Rosenwong is the translation editor of *Anomaly* and has received fellowships from the National Endowment for the Arts, the Banff International Literary Translation Centre, and the American Literary Translators Association. Her scholarly and creative work has been featured in such venues as *World Literature Today*, the *Kenyon Review*, and *Words Without Borders*. She holds an MFA from the University of Iowa and a PhD from the University of California, Irvine.